세계의 싹들

ⓒ 허정은 2024

1판 1쇄 발행 2024년 11월 22일
펴낸곳 | 거울, 계단
출판등록 | 제2020-00059호
전자우편 | mirror.stairs@gmail.com

ISBN 979-11-970946-3-7 03810

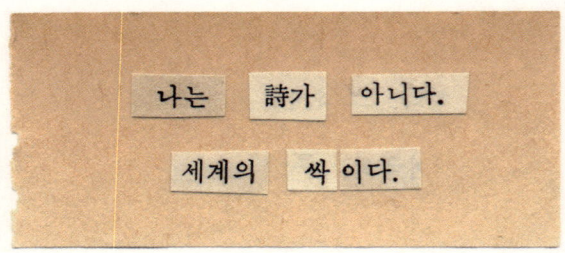

나는 詩가 아니다.
세계의 싹이다.

식물 세계의 모든 통로는
강물이 걸어가는 길

뜰에 핀 목련의 증명사진을 찍으며
정면이 어디인가 생각하네.

서로 사랑하여   반투명해지는

침묵과 종소리

앵무새가   당신을   따라

침묵하고   있네.

하늘의 속사정을 알고 싶어라

오늘의 구름들

왜 죽음을 피하려 하는가?

강물이 마구 흐르며,

돌의 표정을

다 지워버렸읍니다

휘파람을 부는데

휘파람새가 날아와

화음을 쌓아올린다

2층이 되어 둥둥 떠다니는

푸른 음향

도형을 이해하는 마음을 좋아해.

비로소 발견될 점·선·면의 사랑

이 작은 책은 꿈꾼다.

그림자 없는 사각형을

박물관에 걸린 구름 한점

흘러내리는 땀방울

속 깊은 물이

돌덩이 같은 마음을 헤아리고,

이 사막에서 풀냄새가 나는 것은

오래 살아 남은, 희망 때문이에요.

봉우리를 자랑하려고

다시 한 번 어깨를 세우는 산

히히히 혜혜혜 깔깔

웃기만 하는 새들

연주여행 중인

낙엽과 바람

꽃보다 먼저
무너진 꽃받침

거미줄을 산책하다
길을 잃은 작은 벌레

밤마다 돌들을
새로 배치하는 숲

동굴 속에 뜨는 해

빵처럼 부풀어 오르는

이 사랑을 좀 봐!

무게는 줄고, 부피는 커져가는 게

나의 사랑이야!

구름을 기다리며 구름이 서 있네.
하나가 되어 사라지기 위해

안개 속을 들여다보지 마
슬픈 사람들이 그 속에서 울고 있어.

당신은
이 숲의 다른 페이지에서
꽃이 될 거예요.

나뭇잎이 꽃잎에게 말한다
같이 여행하자.

그리고 바람이 불어오네

초록 풀들의 아침 체조 시간,

풀잎 위를 구르며

이슬방울들이 말하네.

-아! 너무 재미있어 !

구름들의 간격을 넓히는 바람

넘어지는 파도를
껴안는 바다

수평선 위에 지은 집

별들의 눈을 피하려고
모로 눕기만 하는 돌

밤 속으로 빛을 굴리며 가는 바람

새벽바람이 오려 놓은 작은 숲

별빛으로 실을 잣는 새들

배드민턴을 치는데

흰 새들이 날아들고,

날개공을 찾을 수 없네.

내리막길과 오르막길을 따로 분리할 수 있나요?

당신의 마음 속에서 내가 떠내려 가네.
아아!

주인을 잃은 일기장들,

비밀을 지키려고

강물에 몸을 던지네.

세수를 한 물 위에

표정 하나가 둥둥 떠 있네.

나는 너를 어떻게 위로하지?

그렇게 캄캄한 마음으로 고개를 떨구진 마

우리의 발밑에는

땅벌레들이 심어 둔 별빛이 가득해

사람의 연극을 구경하는 비둘기야
끝을 모른 채 날아가 버리렴,

고양이가 귀를 쫑긋 세우고
토끼의 말을 듣고 있네.

풀빛이 풀어진 초여름 연못을

우리는 물고기의 숲이라 불러요.

슬픈 소식을 물어온 아침 까치가
창가에 앉아 생각에 잠기네.

미류나무를 순례하며 개미들은 생각한다.
영원이란 아주 높은 곳에 있는 거라고.

내가 나무의 말을 배우면
그루터기와 대화하고 싶어요.
어쩌면 아무런 말도 할 수 없을 거예요.
하지만 나무의 말을 안다면,
더 깊이 안아줄 수 있겠죠.

개념을 떠나

색깔을 발견하는   여행

서로를 위해 살아 있는

두 개의 고독

여름의 뉘앙스로 고백하는 사람.

천국에서 방학을 지낸 아이

노를 저어야 닿을 수 있는 죽음

가다 멈춘 세월

피다만 꽃이 선잠이 들어

피어 남을 잊어버리고

나무들 사이사이 빽빽해지는 여름

숲의 여백을 찾아 헤매는 새 한마리

새로 태어난 작은 섬을 향해
꽃씨가 날아간다.

하늘 아래 가장 새로운 꽃으로
피어나는 꿈을 꾸면서

어린 참새들이

새 아침 속을 헤엄치고 있어요.

완만한 파도의 거품은

모험이 하고 싶은데,

응축된 좋은 향기.

껍질의 바깥세상은

영원히 모르는 것.

잠자리 한 마리
벗어 놓은 안경을 찾아
종일 떠돌고 있네.

물방울이 웃었다.

웃음소리는 없었다.

웃자마자 떠나가 버렸다.

버려진 낱말 하나가

떠나온 문맥을 기억하려 애쓰네.

모든 마음을 잃어도

텅빈 마음은 남아 있어.

먹구름 속에

투명한 빗물이 가득한 것이

이상하다고 생각지 않으세요?

어둠과 빛이 마주볼 수 있다면,
서로의 품 속으로 달려갈 텐데.

허물어지는 이 세계에 내가 살아요.
낮은 세상으로 옮겨 가다 증발하는 게 나의 목표.

신이여, 별들의 문을 열어 요.
영혼은 각자의 집으로 돌아가야 해.

나무 모양의 천사들

표범 무늬의 집들

버드나무로 엮은 노래

바스락거리는 비밀

얼굴없는 새의 눈동자

꿈 속에 묻힌 씨앗

문을 열면

녹아 내리는 얼음집

구름 위로 떨어져 버린 낮별

땅 속으로

뿌리를 내린 바위

죽은 별들의 무덤

상이한 세계들이 역사를 교환한다.

점의 울림에 대항할 수 있는 것은

우주의 침묵 뿐

시절이란

매듭에서

노를 저어 가야 하는 것이다. [9]

114

나무들이   숲속에서   걸어 나온다면,

숲은   어디에   있게 되나요?

숲에서 뻗어나온 넝쿨식물들이
해변에 도착하네.

막 열린 푸른 꽃 하나가
바다를 향해 부—— 나팔을 부네.

비가, 그쳤구나
태양이 말했다.
오늘은 무지개를 타고 굴러가야지.

뜬소문이 내려앉으려

사람들의 눈치를 보네.

아주 작은 물방울에서 떨어져 나온

더욱 작은 물방울 하나

無로 축소 되는 위태로운 生의 풍경.

꽃이 죽은 자리마다
돌이 살아 있다

시냇물,
내 슬픔을 감추는
주름잡힌 거울

낙타 한 마리 명상에 잠긴 채

모래가 되어가고 있네.

언제 저렇게 운동을 한 거지?

뭉게뭉게 피어난 구름의 근육을 바라보며
온 세상이 수군수군

"보세요. 내가 더 높이 날잖아요."

까마귀 한 마리

날아가는 천사를 향해

까욱까욱까욱

절벽에 서서
모든 방향을 사랑하는 마음

물방울과 모래알로 요약되는
두 개의 다른 사랑

세계의 난간에 앉아
은하의 심연을 바라보는 너

빈 손을 내보이며
홀연히 生을 벗어나는 사람.

물고기가 울면서
그물을 피해 다니는데
아무도 그 눈물을 보지 못하네.

지친 구름들이

떼지어 산길을 내려오고,

조용히 불을 끄는 태양

큰 바람에 쓰러진 나무를

작은 바람이 위로하네.

철학자의 명암법

화가들의 변증법

내를 건너다
　　　구름을 밟는　아이

꽃집 앞을　서성이는　나비들

동시에 다른 노래를
　　　부르는 합창단

숫자들 속에서
　주눅든 글자 하나

바람의 페달을 밟으며

새를 연주한다는 것,

그저 둥근 것이

'동그라미'가 되기 위해

스스로를 갈고 닦는 시간

적막한 내 마음속에서

쿵쿵 소리내어 걷는 당신

거미줄 좌표 위에

별자리를 그리는 빗물

밤하늘로 만든 꽃병 속에

출렁이는 달빛

햇빛을 간직한 큰 해바라기가

어둠을 밝히며 홀로 우뚝 서 있네.

큰 파도 한 조각 베어 물고서

갈매기는 영영 떠나가버렸다

밤 새운 꽃들의 새하얀 하품으로

안개의 일생이 시작된단다

구르는 돌은

누워 지내는 법을 배워야만 하네.

사슴이 남긴 두 개의 뿔을
정원에 심어두고
매일 물을 준다면,

무슨 일이 일어날까?

세계가
나의 세계에
반대하고 있구나.

너의 행복은 너무 얇지 않니?

노래의 설계도를 펼쳐요.

천정이 높은 이 노래에

音의 층계가 얼마나 많은 지!

우리의 이야기,

　　나선 모양으로 끝없이 이어지네.

영원히 끝나지 않을 노래인 것처럼.

너의 용기 가장자리에
슬픔이 묻어 있네.

그러나 그것이
용기의 날개인 것을,

계절은 왜 자꾸 자신을 다시 쓰는가?

세계는 뒤집혀 있고, 심해로부터 사랑의 비 내리고

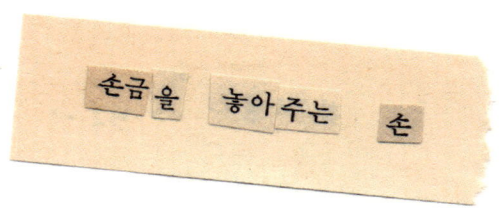

손금을 놓아주는 손

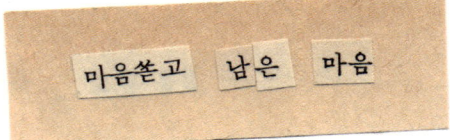

마음쓴고 남은 마음

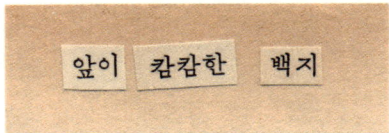

앞이 캄캄한 백지

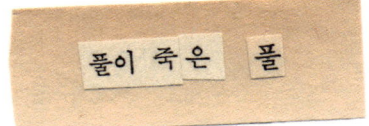

풀이 죽은 풀

불타는 물

중심이 사라진 도형

미래가 없는 영원

구부러지며 소리가 되는 침묵

바위를 명상하는 조약돌

돌 하나를 내려 놓는 돌무더기

당당하게 일어서는 그림자

서서 죽을 수도 있는 나무

나뭇잎의 본성이 그에게 심긴다

그는 이제,

바람 불면 손을 흔드는 사람

가을과 희망의 불협화음이

너무 좋단 말이야.

당신은 어때요?

우산이 되어　　살아가 볼래.
나의 친한 친구는　오직 빗방울과 너의 손

상처 입은 영혼이

사물의 내부를 오래 오래 들여다본다.

아아, 이토록 고요한 세상!

잘봐!

빗줄기의 여윈 뼈가 부러지고 있잖아,

자, 들어봐!

이건, 물의 소리가 아니라, 뼈의 소리야.

촛불,

신들과 조화를 이루는

일종의 유령

58

벽도   필요했어

메아리를 만들기 위해

차가운 당신의 손바닥 위에서 빙하처럼 살게 해줘요.

꽃들이 모여 별빛을 모방하는 밤
방울방울 꿀을 떨구는 꽃들의 얼굴

버려진 음표로 만든 악보

길가에 범람한 눈물

웃음 가운데 놓인
무덤 하나

녹슬은 빵

주전자 속에서
바다를 기억하는 물

떠난 주인을 기다리는
달팽이의 빈 집

자정을 알려주며
잠이 드는 벽시계

사랑이 멋지 않을 때
숨을 참는 사람

태양이 달에게
자리를 넘겨주는 시간

우주의 산책로에서
흙냄새가 너무 그리운 우리

난로 속의 마을을 바라보는

고양이의 눈빛

빈 주머니 속에 매달린

보풀의 따뜻한 이야기들

눈 속 깊이 묻어 둔

이름 하나

눈사람이   사람에게

내일의 날씨를 묻는 밤

커다란 음악이야.

기나긴 이야기야.

완전한 울림이야.

오랜 침묵은.

오늘의 너를 추억하기 위해

내일이 살아 있어.

돌멩이가 돌부처를 찾아가

공초에 이르는 방법을 묻네

슬픈 사람들을 위로하려고
무지개는 이 밤에도 떠나지 않네.
짙푸른 밤 하늘에
　　　보이는 건 빨·주·노·초 뿐이지만
일곱 빛깔 모두를
　　　사람들은 마음에 담네.

눈사람을 이해할 수 있을 때
비로소 겨울을 노래할 수 있어요.

밤비가 그림자를 적시네.
투명한 몸으로 가장 짙은 어둠을 창조하네.

하늘을 향하여 있는 밤의 평화를
새들이 물고 내려와 주었어.

세계는 이제 맑게 비워져 있고
신의 눈은 감길 것이다.

천사들이 봄을 향해 떼 지어 날아가네.

다정한 기러기떼 처럼

천사들도 다시 돌아와 줄까.

내 안에 고여 있는 사랑이

흐르고 싶어하네

눈송이 하나,
돌탑을 무너뜨리고
사라져 버렸어.

비 온 뒤 우산을 접으면

하늘이 함께 접히고,

하늘이 있던 그 자리에

처음보는 우주의 얼굴

한밤중 지옥에 있어도

내 빛이 마르질 않아

나는, 천사가 된 것일까?

내리는 눈발 속에

하얗게 지워져 가는 고요한 사원

모든 기도가 다 이루어진 기분

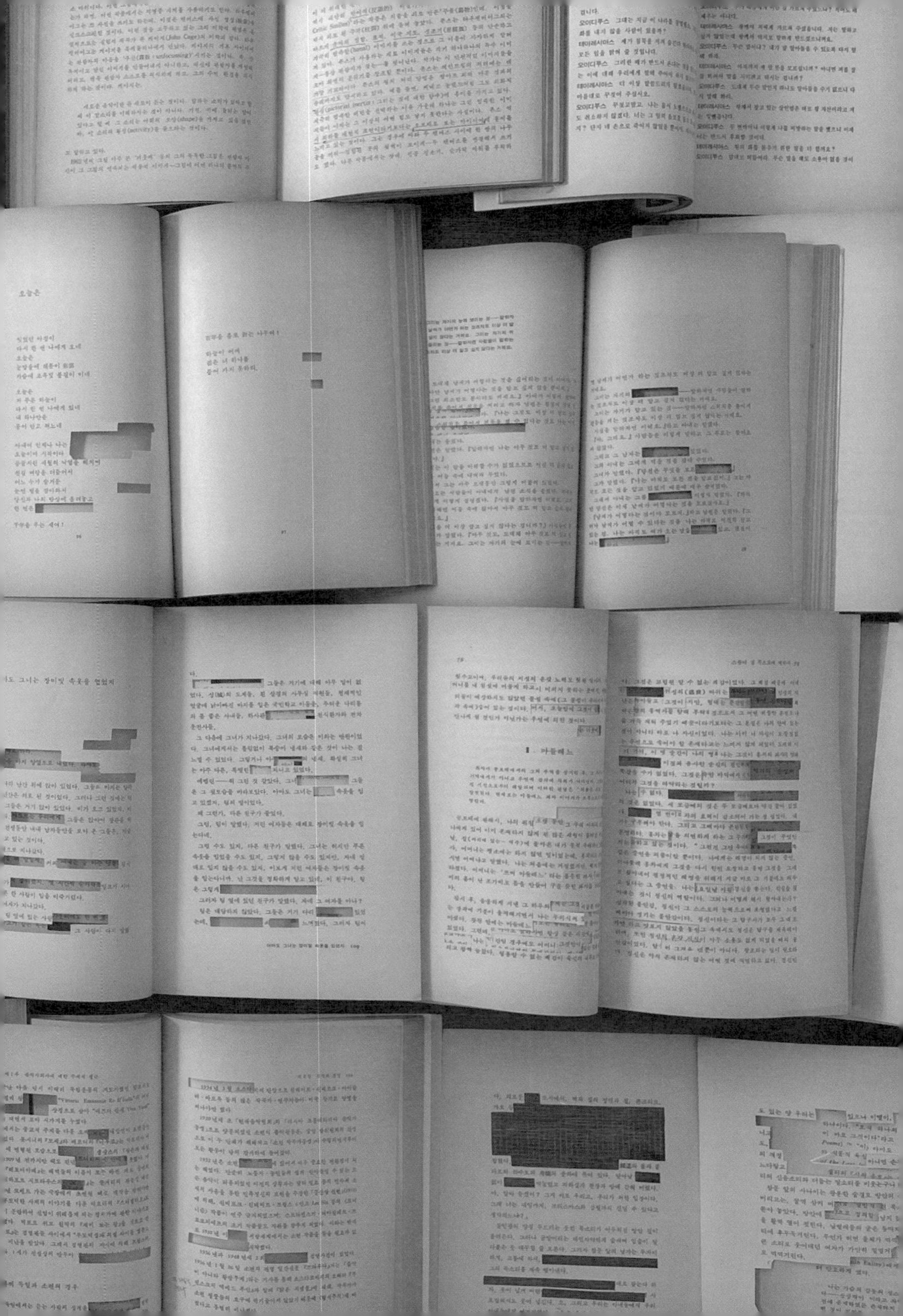

허정은

버려진 작은 것들을 모은다. 떨어진 열매와 돌을 줍기도 한다. 맥락을 잃어버린
세상의 조각들을 모아 분류하고 감상하기를 즐긴다. 그러다 그 조각들을 재료로
새로운 장면과 이야기를 만들기도 한다. 낡고 닳고 시들고 썩는 것들에게서
아름다움을 찾는 것을 직업으로 여긴다.
쓰고 그린 책으로 〈영원 구름 순간〉, 〈에스테틱 콜라주〉, 〈새가 될 운명〉이 있다.